AF329631

LES LOIS FRANÇAISES A LA PORTÉE DE TOUS

CODE DES CONTRATS DE MARIAGE

Passation du Contrat.

Clauses de viduité. -- Communauté légale.

Administration de la communauté.

Partage de l'actif. -- Contribution aux dettes.

Communauté réduite aux acquets.

Exclusion du mobilier.

Parts inégales dans la communauté.

Régimes sans communauté.

" ÉDITIONS & LIBRAIRIE "
40, Rue de Seine, 40
PARIS

Prix : 0.75

(Voir suite page 3 couverture

« ÉDITIONS & LIBRAIRIE », E. CHIRON, Ed., 40, rue de Seine, Paris-6°.

CONTRATS DE MARIAGE

PASSATION DU CONTRAT

Le contrat de mariage est la convention intervenue par devant notaire entre futurs époux pour régler, quant aux biens présents et à venir, leur vie conjugale.

On peut fort bien se marier et vivre heureux sans avoir passé préalablement un contrat et dans ce cas les intérêts des deux époux sont prévus et déterminés par des dispositions du Code civil qui instituent pour eux un régime dit de communauté légale que nous allons exposer ci-dessous.

Ce régime est loin d'être parfait, comme on le verra, aussi est-il plus sage d'en contracter un autre suivant les goûts, les désirs et les besoins de chacun. Cependant nous voyons des époux aller chez le notaire et réclamer seulement le régime de communauté, pourquoi ? C'est pour se faire sans grands frais une donation réciproque.

Nous verrons encore, que pour ce régime de communauté, le code lui-même a envisagé des modifications qu'il propose au libre choix des intéressés. Une des plus fréquemment adoptées, forme le régime de communauté réduite aux acquêts.

Les préférences des sociologues vont au régime pur et simple de la séparation des biens. Le régime dotal ne se conçoit que quand on redoute la dissipation de la dot par deux époux également imprévoyants.

Certains futurs époux se refusent un contrat de mariage parce que sans fortune. C'est un mauvais raisonnement : il y a toujours la possibilité de faire fortune.

En faisant un contrat de mariage et en adoptant la séparation des biens, un commerçant se réserve de mettre des économies à l'abri de tout aléa ; par contre, le régime dotal lui couperait tout crédit.

Combien coûte ce contrat . En plus du papier timbré et des écritures, il faut compter, avec les honoraires du notaire calculés sur les apports cumulés des deux époux et qui varient avec le montant : 25, 50, 75 centimes ou 1 fr. %, suivant les régions, jusqu'à cent mille francs et decrescendo ensuite ; il y a enfin l'enregistrement qui prend 0 fr. 20 % ou seulement un droit fixe de 5 fr. si le contrat n'indique pas les apports des époux mais seulement le régime choisi. Les donations et institutions d'héritier paient un droit fixe de 5 à 12 fr., etc. En thèse générale, les notaires perçoivent un minimum de contrat qui est de 12 à 25 fr. S'il n'y est pas donné suite, c'est environ ce minimum qui est dû. Une résiliation irait de 5 à 12 fr.

Les contrats de mariage ne peuvent se faire par acte sous seing privé ; l'intervention d'un notaire assisté de deux témoins est obligatoire.

Ils doivent être passés et signés avant le mariage à peine de nullité.

S'il y est question d'une remise d'espèces, titres ou valeurs par la future épouse ou ses parents au futur époux, on y lit quelquefois que la célébration du mariage vaudra reçu, décharge ou quitus. C'est une rédaction défectueuse. Des gens de mauvaise foi pourraient fort bien oublier (! ?) de faire le versement et se prévaloir de la célébration pour ne rien payer. Cependant, le futur époux serait admis a prouver n'avoir rien reçu. Il le devrait faire sans le moindre retard. Quoiqu'il en soit, le mieux serait de dire que les choses promises sont confiées à une tierce personne qui les remettra au mari aussitôt après la célébration et nonobstant toute opposition.

Le mineur, apte à contracter mariage, l'est à consentir toutes les conventions dont son contrat est susceptible. Les conventions et donations qu'il y a faites sont valables pourvu qu'il ait été assisté, dans le contrat, des personnes dont le consentement lui était nécessaire pour se marier.

Au contrat de mariage, il faut toutes les qualités plus une qui est d'être suivi d'un mariage valable. Si l'union n'était pas célébrée, le contrat serait sans effet. Ceci n'arrive, cependant, que quand l'intention des parties de ne pas donner suite à leur projet est certaine, ce qui sera souvent une question de fait à résoudre en cas de contestation. Si long qu'il serait, le retard apporté à la cérémonie ne serait pas à lui seul une cause de caducité.

Le tiers qui a fait à l'un des époux une donation par contrat de mariage et qui a, par conséquent, intérêt à savoir, lorsque la célébration est remise, si les parties ont toujours l'intention d'y donner suite, peut les citer en justice pour voir dire que, faute à eux de se marier dans le délai qui leur sera imparti, la donation sera déclarée caduque.

Le contrat est également mis à néant si le mariage, dont il suit le sort, est annulé et les intérêts des époux sont, alors, liquidés sans tenir compte des conventions matrimoniales, comme dans une association de fait. Il produit, au contraire, ses effets, dans le mariage putatif.

Qui doit supporter les frais du contrat de mariage ?

Evidemment, les époux ont toute liberté pour trancher entre eux la question et même mettre toute la charge au compte d'un seul : il est, alors, intéressant d'inscrire la chose dans le contrat.

Dans les autres cas, on estime que les droits de mutation sur les donations sont au compte du donataire ; il en serait de même pour les frais imputables aux autres libéralités.

Les frais généraux du contrat incomberaient par moitié à chaque époux.

Quand le notaire a terminé son acte il donne lecture aux parties du dernier paragraphe des articles 1391 et 1394 du Code civil, le premier est ainsi conçu : « Article 1391... Si l'acte de célébration porte que les époux sont mariés sans contrat, la femme sera alors réputée capable de s'obliger dans les termes du droit commun. Il pourra traiter avec elle sans crainte de se voir opposer plus tard un contrat stipulant un régime prohibitif ».

Les commerçants sont particulièrement astreints à des règles de publicité encore plus impérieuses. Voici ce que leur enjoint le Code de commerce :

Tout contrat de mariage entre époux dont l'un sera commerçant sera transmis par extrait, dans le mois de sa date, aux greffes et chambres désignés par l'article 872 du Code de Procédure civile, pour être exposé au tableau, conformément au même article. — Cet extrait annoncera si les époux sont mariés en communauté, s'ils sont séparés de biens, ou s'ils ont contracté sous le régime dotal.

Le notaire qui aura reçu le contrat de mariage sera tenu de faire la remise ordonnée par l'article précédent, sous peine de vingt francs d'amende, et même de destitution et de responsabilité envers les créanciers, s'il est prouvé que l'omission soit la suite d'une collusion.

L'époux séparé de biens, ou marié sous le régime dotal, qui embrasserait la profession de commerçant postérieurement à son mariage, sera tenu de faire pareille remise dans le mois du jour où il aurait ouvert son commerce ; à défaut de cette remise, il pourra être, en cas de faillite, condamné comme banqueroutier simple.

L'inobservation de ces dernières formalités par une femme mariée sous le régime dotal, qui est devenue commerçante depuis son mariage, constitue, de sa part, un quasi-délit dont la réparation civile peut être poursuivie sur ses biens dotaux par les tiers qui ont contracté avec elle dans l'ignorance de sa véritable position.

D'autre part, les conventions matrimoniales ne peuvent recevoir aucun changement après la célébration. Et, ici, par changement, il ne faut pas seulement entendre des modifications de texte, mais encore tous arrangements entre époux à quelque époque que ce soit qui en changeraient les dispositions. Ainsi, la renonciation par un époux, pendant le mariage, à la donation contractuelle qui lui a été faite par un conjoint ; pour le cas de survie, de droits éventuels dans la succession de celui-ci, est tenue pour un changement au contrat et considérée comme nulle.

Par contre, n'est point un changement apporté au contrat, la convention intervenue depuis le mariage qui a pour objet le mode de paiement de la dot promise. Sera donc valable l'accord entre beau-père et gendre par lequel le premier rend à l'autre un immeuble dont le prix doit se compenser jusqu'à concurrence avec la dot stipulée en argent.

Cette immutabilité ne fait cependant point obstacle à ce que le contrat ne soit remanié avant la célébration du mariage. On peut licitement alors le retoucher mais à condition que ces changements soient constatés par des actes passés dans la même forme que le contrat et, au moins pour être opposable aux tiers, devant le même notaire ; qu'ils soient faits en la présence et avec le consentement simultanés de toutes les personnes qui ont été nécessairement parties dans le contrat initial.

En outre, tous ces changements, même revêtus des formes ci-dessus rappelées, seraient encore sans effet à l'égard des tiers s'ils n'étaient rédigés à la suite de la minute du contrat de mariage.

Dans le contrat de mariage ainsi compris, les futurs époux peuvent inscrire toutes les stipulations qu'ils jugeront à propos, sauf quelques réserves que nous allons exposer.

D'une part, ce contrat ne peut rien comporter qui soit contraire aux bonnes mœurs. Rentrerait dans ce cas la clause dispensant l'un des époux de remplir ses devoirs conjugaux, celle qui interdirait au survivant de se remarier, etc.

Les époux ne peuvent y stipuler non plus des clauses contraires à l'ordre public, c'est-à-dire dérogeant aux lois sur l'état des personnes ou aux droits résultant de la puissance maritale sur la personne de la femme et des enfants ou qui appartiennent au mari comme chef de la famille. Ainsi, il ne pourrait y être dit que la femme se réserve toute sa liberté ou qu'elle seule élèverait les filles à sa guise tandis que le père se chargerait des garçons, ni qu'elle pourra vendre et disposer de ses biens sans ingérence du mari, etc. Cependant, par contrat de mariage, la femme pourrait se faire donner une procuration générale pour l'administration de ses biens.

Ils ne pourraient encore faire aucune convention ou renonciation dont l'objet serait de changer l'ordre légal des successions soit par rapport à eux-mêmes dans la succession de leurs enfants ou descendants, soit par rapport à leurs enfants entre eux. Pourtant, sont permises les donations entre vifs ou testamentaires qui peuvent avoir lieu selon les formes et dans les cas prévus par la loi.

Le Code ajoute que les époux ne peuvent plus stipuler d'une manière générale que leur association sera réglée par l'une des coutumes, lois ou statuts locaux qui ont régi les diverses parties du territoire français. Au reste, ces coutumes sont, aujourd'hui, bien oubliées.

CLAUSES DE VIDUITE

Pourra-t-on, dans le contrat de mariage, imposer au survivant la condition de ne pas se remarier ? Pour répondre, il faut voir quel est le but des contractants.

La faculté de se remarier est un droit imprescriptible auquel on ne peut pas renoncer ; par conséquent, si des contractants se sont proposés comme but essentiel d'imposer au survivant l'état de viduité, la clause est illicite, elle doit être réputée non écrite et n'engage personne.

D'habitude, cette clause est accompagnée d'une donation telle qu'elle laisse au survivant le choix entre un nouveau mariage et un sacrifice d'argent ; elle sera valable, si la condition mise à la donation n'est qu'un moyen d'atteindre à un but licite, de régler des intérêts pécuniaires, de pourvoir à l'avenir des enfants issus du mariage et non d'entraver la nouvelle union.

En principe, il est donc permis aux futurs époux, dans leur contrat de mariage, de penser au décès de l'un d'eux et au remariage de l'autre. Il est encore permis de faire opter ce dernier entre une perpétuelle viduité et une donation ; mais il serait interdit et nul de mettre à prix d'argent l'obligation du veuvage éventuel.

Ainsi, les clauses portant : « Je donne tant à mon conjoint à condition qu'il ne se remarie pas » ou « je lui retire toute libéralité s'il se remarie » sont nulles et le survivant qui contracte un nouveau mariage n'abandonne rien de la succession.

Mais est valable la condition suivante : « Pendant tout le temps de son veuvage, le survivant recevra telle somme, jouira de mes biens, etc. » On saisit la nuance.

COMMUNAUTÉ LÉGALE

La communauté qui s'établit par la simple déclaration qu'on se marie sous le régime de la communauté, ou à défaut de contrat, est soumise aux règles qui suivent. Elle comprend un actif et un passif.

ACTIF DE LA COMMUNAUTE

L'actif se compose de tout le mobilier que les époux possédaient au jour de la célébration du mariage, ensemble de tout le mobilier qui leur échoit pendant le mariage à titre de succession ou même de donation, si le donateur n'a exprimé le contraire ; — 2° de tous les fruits, revenus, intérêts et arrérages, de quelque nature qu'ils soient, échus ou perçus pendant le mariage, et provenant des biens qui appartenaient aux époux lors de sa célébration, ou de ceux qui leur sont échus pendant le mariage, à quelque titre que ce soit ; — 3° de tous les immeubles qui sont acquis pendant le mariage.

Tout immeuble est réputé acquêt de communauté, s'il n'est prouvé que l'un des époux en avait la propriété ou possession légale antérieurement au mariage, ou qu'il lui est échu depuis à titre de succession ou donation.

Les coupes de bois et les produits des carrières et mines tombent dans la communauté pour tout ce qui est considéré comme usufruit. Si les coupes de bois qui, en suivant ces règles, pouvaient être faites durant la communauté, ne l'ont point été, il en sera dû récompense à l'époux non propriétaire du fonds ou à ses héritiers. Si les carrières et mines ont été ouvertes pendant le mariage, les produits n'en tombent dans la communauté que sauf récompense ou indemnité à celui des époux à qui elle pourra être due.

On ne le sait pas assez : ces immeubles que les époux possèdent au jour de la célébration du mariage, ou qui leur échoient pendant son cours à titre de succession, n'entrent point en communauté. Néanmoins, si l'un des époux avait acquis un immeuble depuis le contrat de mariage, contenant stipulation de communauté, et avant la célébration du mariage, l'immeuble acquis dans cet intervalle entrera dans la communauté, à moins que l'acquisition n'ait été faite en exécution de quelque clause du mariage, auquel cas elle serait réglée suivant la convention.

Les donations d'immeubles qui ne sont faites pendant le mariage qu'à l'un des deux époux ne tombent point en communauté ; ils appartiennent au donataire seul, à moins que la donation ne contienne expressément que la chose donnée appartiendra à la communauté.

L'immeuble abandonné ou cédé par père, mère ou autre ascendant, à l'un des deux époux, soit pour le remplir de ce qu'il lui doit, soit à la charge de payer les dettes du donateur à des étrangers, n'entre point en communauté, sauf récompense ou indemnité.

Celui qui serait acquis pendant le mariage à titre d'échange contre un autre appartenant à l'un des deux époux, n'entrerait point en communauté, et serait subrogé aux lieu et place de celui qui a été aliéné, sauf la récompense s'il y a soulte.

L'acquisition faite pendant le mariage, à titre de licitation, ou autrement de portion d'un immeuble dont l'un des époux était propriétaire par indivis, ne forme point un conquêt, sauf à indemniser la communauté de la somme qu'elle a fournie pour cette acquisition. Dans le cas, au reste, où le mari deviendrait seul, et en son nom personnel, acquéreur ou adjudicataire de portion ou de la totalité d'un immeuble appartenant par indivis à la femme, celle-ci, lors de la dissolution de la communauté, a le choix ou d'abandonner l'effet à la communauté, laquelle devient alors débitrice envers la femme de la portion appartenant à celle-ci dans le prix, ou de retirer l'immeuble, en remboursant à la communauté le prix de l'acquisition.

PASSIF DE LA COMMUNAUTÉ ET ACTIONS QUI EN RÉSULTENT.

La communauté se compose passivement : 1° de toutes les dettes mobilières dont les époux étaient grevés au jour de la célébration de leur mariage, ou dont se trouvent chargées les successions qui leur échoient durant le mariage, sauf la récompense pour celles relatives aux immeubles propres à l'un ou à l'autre des époux; — 2° des dettes, tant en capitaux qu'arrérages ou intérêts, contractées par le mari pendant la communauté, ou par la femme du consentement du mari, sauf la récompense dans le cas où elle a lieu ; — 3° des arrérages et intérêts seulement des rentes ou dettes passives qui sont personnelles aux deux époux ; — 4° des réparations usufructuaires des immeubles qui n'entrent point en communauté ; — 5° des aliments des époux, de l'éducation et entretien des enfants, et de toute autre charge du mariage.

La communauté n'est tenue des dettes mobilières contractées avant le mariage par la femme, qu'autant qu'elles résultent d'un acte authentique antérieur au mariage, ou ayant reçu à la même époque une date certaine, soit par l'enregistrement, soit par le décès d'un ou de plusieurs signataires dudit acte. Le créancier de la femme, en vertu d'un acte n'ayant pas de date certaine avant le mariage, ne peut en poursuivre contre elle le payement que sur la nue propriété de ses immeubles personnels ; et le mari qui prétendrait avoir payé pour sa femme une dette de cette nature n'en pourrait demander la récompense ni à sa femme, ni à ses héritiers.

Les dettes des successions se divisent : celles purement mobilières, qui sont échues aux époux pendant le mariage, sont pour le tout à la charge de la communauté. Celles d'une succession purement immobilière, qui échoit à l'un des époux pendant le mariage, ne sont point à la charge de la communauté, sauf le droit qu'ont les créanciers de poursuivre leur payement sur les immeubles de ladite succession. Néanmoins, si la succession est échue au mari, les créanciers de la succession peuvent poursuivre leur payement, soit sur tous les biens propres au mari, soit même sur ceux de la communauté, sauf dans ce second cas, la récompense due à la femme ou à ses héritiers.

Si la succession purement immobilière est échue à la femme, et que celle-ci l'ait acceptée du consentement de son mari, les créanciers de la succession pèuvent poursuivre leur payement sur tous les biens personnels de la femme ; mais, si la succession n'a été acceptée par la femme que comme autorisée, en justice, au refus du mari, les créanciers, en cas d'insuffisance des immeubles de la succession, ne peuvent se pourvoir que sur la nue propriété des autres biens personnels de la femme .

Lorsque la succession échue à l'un des époux est en partie mobilière et en partie immobilière, les dettes dont elle est grevée ne sont à la charge de la communauté que jusqu'à concurrence de la portion contributoire du mobilier dans les dettes, eu égard à la valeur de ce mobilier comparée à celle des immeubles. Cette portion contributoire se règle d'après l'inventaire notarié et pas autre, extrêmement important et indispensable, auquel le mari doit faire procéder, soit de son chef, si la succession le concerne personnellement, soit comme dirigeant et autorisant les actions de sa femme, s'il s'agit d'une succession à elle échue. A défaut d'inventaire, et dans tous les cas où ce défaut préjudicie à la femme, elle ou ses héritiers peuvent, lors de la dissolution de la communauté, poursuivre les récompenses de droit, et même faire preuve, tant par titres et papiers domestiques que par témoins, et au besoin par la commune renommée, de la consistance et valeur du mobilier non inventorié.

Le mari n'est jamais recevable à faire cette preuve.

Ces dispositions ne font point obstacle à ce que les créanciers d'une succession en partie mobilière et en partie immobilière poursuivent leur payement sur les biens de la communauté, soit que la succession soit échue au mari, soit qu'elle soit échue à la femme, lorsque celle-ci l'a acceptée du consentement de son mari, le tout sauf les récompenses respectives. Il en est de même si la succession n'a été acceptée par la femme que comme autorisée en justice, et que néanmoins le mobilier en ait été confondu dans celui de la communauté sans un inventaire préalable.

Si la succession n'a été acceptée par la femme que comme autorisée en justice, au refus du mari, et s'il y a eu inventaire, les créanciers ne peuvent poursuivre leur payement que sur les biens tant mobiliers qu'immobiliers de ladite succession, et, en cas d'insuffisance, sur la nue propriété des autres biens personnels de la femme.

Ces règles régissent les dettes dépendantes d'une donation, comme celles résultant d'une succession.

Les créanciers peuvent poursuivre le payement des dettes à elle personnelles, que la femme a contractées avec le consentement du mari, tant sur tous les biens de la communauté, que sur ceux du mari ou de la femme, sauf la récompense due à la communauté, ou l'indemnité due au mari. Celles, au contraire, qui ne sont contractées par la femme qu'en vertu de la procuration générale ou spéciale du mari, sont à la charge de la communauté, et le créancier n'eu peut poursuivre le payement ni contre la femme ni sur ses biens personnels.

ADMINISTRATION DE LA COMMUNAUTÉ

L'omnipotence du mari, expliquée par la tradition, a reçu une rude atteinte du fait de la loi du 13 juillet 1907 qui laisse à la femme l'administration de son salaire. Nous reverrons cette loi au Code des Femmes.

Elle n'empêche que le mari administre seul les biens de la communauté. Il peut les vendre, aliéner et hypothéquer sans le concours de la femme : cela évite toute discussion entre époux.

Il ne peut disposer entre vifs à titre gratuit des immeubles de la communauté, ni de l'universalité ou d'une quotité du mobilier, si ce n'est pour l'établissement des enfants communs. Il peut néanmoins disposer des effets mobiliers à titre gratuit et particulier, au profit de toutes personnes, pourvu qu'il ne s'en réserve pas l'usufruit.

Par contre, la donation testamentaire faite par le mari ne peut excéder sa part dans la communauté. S'il a donné en cette forme un effet de la communauté, le donataire ne peut réclamer en nature qu'autant que l'effet, par l'événement du partage, tombe au lot des héritiers du mari : si l'effet ne tombe point au lot de ces héritiers, le légataire a la récompense de la valeur totale de l'effet donné, sur la part des héritiers du mari dans la communauté et sur les biens personnels de ce dernier.

Les amendes encourues par le mari pour crime peuvent se poursuivre sur les biens de la communauté, sauf la récompense due à la femme ; celles encourues par la femme ne peuvent s'exécuter que sur la nue propriété de ses biens personnels, tant que dure la communauté. Enfin, les condamnations prononcées contre l'un des deux époux pour crime, ne frappant que sa part de la communauté et ses biens personnels.

Les actes faits par la femme sans le consentement du mari, et même avec l'autorisation de la justice, n'engagent point les biens de la communauté, si ce n'est lorsqu'elle contracte comme marchande publique et pour le fait de son commerce. Elle ne peut s'obliger ni engager les biens de la communauté, même pour tirer son mari de prison, ou pour l'établissement de ses enfants en cas d'absence du mari, qu'après y avoir été autorisée par justice.

Le mari a l'administration de tous les biens personnels de la femme. Il peut exercer seul toutes les actions mobilières et possessoires qui lui appartiennent, mais il ne peut aliéner ses immeubles personnels sans son consentement et il est responsable de tout dépérissement des biens personnels de sa femme, causé par défaut d'actes conservatoires.

Les baux que le mari seul a faits des biens de sa femme pour un temps qui excède neuf ans ne sont, en cas de dissolution de la communauté, obligatoires vis-à-vis de la femme ou de ses héritiers que pour le temps qui reste à courir soit de la première période de neuf ans, si les parties s'y trouvent encore, soit de la seconde, et ainsi de suite, de manière que le fermier n'ait que le droit d'achever la jouissance de la période de neuf ans où il se trouve.

Ceux de neuf ans ou au-dessous qu'il a seul passés ou renouvelés, plus de trois ans avant l'expiration du bail courant s'il s'agit de biens ruraux, et plus de deux ans avant la même époque s'il s'agit de maisons, sont sans effet, à moins que leur exécution n'ait commencé avant la dissolution de la communauté.

La femme qui s'oblige solidairement avec son mari pour les affaires de la communauté ou du mari n'est réputée, à l'égard de celui-ci, s'être obligée que comme caution ; elle doit être indemnisée de l'obligation qu'elle a contractée. De même le mari qui garantit solidairement ou autrement la vente que sa femme a faite d'un immeuble personnel a, pareillement, un recours contre elle, soit sur sa part dans la communauté, soit sur ses biens personnels, s'il est inquiété.

S'il est vendu un immeuble appartenant à l'un des époux, de même que si l'on s'est rédimé en argent de services fonciers dus à des héritages propres à l'un d'eux, et que le prix en ait été versé dans la communauté, le tout sans remploi, il y a lieu au prélèvement de ce prix sur la communauté, au profit de l'époux qui était propriétaire soit de l'immeuble vendu, soit des services rachetés. Le versement dans la communauté se présume, en suite de la vente, si on ne voit pas de remploi.

Ce remploi est censé fait à l'égard du mari, toutes les fois que, lors d'une acquisition, il a déclaré qu'elle était faite des deniers provenus de l'aliénation de l'immeuble qui lui était personnel et pour lui tenir lieu de remploi.

A l'égard de la femme, la déclaration du mari que l'acquisition est faite des deniers provenus de l'immeuble vendu par elle et pour lui servir de remploi ne suffit point, si ce remploi n'a été formellement accepté par la femme : si elle ne l'a pas accepté, elle a simplement droit, lors de la dissolution de la communauté, à la récompense du prix de son immeuble vendu.

La récompense du prix de l'immeuble appartenant au mari, ne s'exerce que sur la masse de la communauté ; celle du prix de l'immeuble appartenant à la femme s'exerce sur les biens personnels du mari, en cas d'insuffisance des biens de la communauté. Dans tous les cas, la récompense n'a lieu que sur le pied de la vente, quelque allégation qui soit faite touchant la valeur de l'immeuble aliéné.

Toutes les fois qu'il est pris sur la communauté une somme soit pour acquitter les dettes ou charges personnelles à l'un des époux, telles que le prix ou partie du prix d'un immeuble à lui propre ou le rachat de services fonciers, soit pour le recouvrement, la conservation ou l'amélioration de ses biens personnels, et généralement toutes les fois que l'un des époux a tiré un profit personnel des biens de la communauté, il en doit la récompense, et la paiera lors de la liquidation de la communauté.

Si le père et la mère ont doté conjointement l'enfant commun, sans exprimer la portion pour laquelle ils entendaient y contribuer, ils sont censés avoir doté chacun pour moitié, soit que la dot ait été fournie ou promise en effets de la communauté, soit qu'elle l'ait été en biens personnels à l'un des deux époux. Au second cas, l'époux dont l'immeuble ou l'effet personnel a été constitué en dot a, sur les biens de l'autre, une action en indemnité pour la moitié de ladite dot, eu égard à la valeur de l'effet donné, au temps de la donation.

La dot constituée par le mari seul à l'enfant commun, en effets de la communauté, est à la charge de la communauté ; et, dans le cas où la communauté est acceptée par la femme, celle-ci doit supporter la moitié de la dot, à moins que le mari n'ait déclaré expressément qu'il s'en chargeait pour le tout, ou pour une portion plus forte que la moitié.

La garantie de la dot est due par toute personne qui l'a constituée, et ses intérêts courent du jour du mariage, encore qu'il y ait terme pour le payement, s'il n'y a stipulation contraire.

DISSOLUTION DE LA COMMUNAUTÉ

Cette communauté se dissout : 1° par mort ; 2° par le divorce ; 3° par la séparation de corps et de biens et 4° par la séparation de biens. Ces trois derniers cas seront étudiés dans les deux fascicules suivants. Le premier, au contraire, a sa place ici.

Le défaut d'inventaire, dont il va être question ci-dessous, après la mort de l'un des époux ne donne pas lieu à la continuation de la communauté, sauf les poursuites des parties intéressées, relativement à la consistance des biens et effets communs, dont la preuve pourra être faite tant par titres que par la commune renommée. S'il y a des enfants mineurs, le défaut d'inventaire fait perdre en outre à l'époux survivant la jouissance de leurs revenus, et le subrogé tuteur qui ne l'a point obligé à faire inventaire est solidairement tenu avec lui de toutes les condamnations qui peuvent être prononcées au profit des mineurs.

La dissolution de communauté opérée par le divorce ou par la séparation soit de corps et de biens, soit de biens seulement, ne donne pas ouverture aux droits de survie de la femme ; mais celle-ci conserve la faculté de les exercer lors de la mort de son mari.

ACCEPTATION OU RENONCIATION DE LA COMMUNAUTÉ

Après la dissolution de la communauté, la femme ou ses héritiers et ayants cause ont la faculté de l'accepter ou d'y renoncer : toute convention contraire est nulle. L'homme n'a point cette précieuse faculté ; il lui faut toujours accepter.

Cependant la femme qui se serait, après le décès du mari, immiscée dans les biens de la communauté, ne pourrait y renoncer : les actes purement administratifs ou conservatoires n'emportent point immixtion. Il en serait de même si elle avait diverti ou recélé quelques effets de la communauté et ses héritiers partageraient son sort. Enfin, il en serait encore ainsi pour la femme majeure qui aurait pris dans un acte la qualité de commune : elle ne pourrait plus renoncer ni se faire restituer contre cette qualité, quand même elle l'aurait prise avant d'avoir fait inventaire, s'il n'y a eu dol de la part des héritiers du mari.

Si la veuve veut conserver la faculté de renoncer à la communauté, elle doit, dans les trois mois du jour du décès de son mari, faire faire par notaire et non autrement un inventaire fidèle et exact de tous les biens de la communauté, contradictoirement avec les héritiers du mari, ou eux dûment appelés. Cet inventaire doit être par elle affirmé sincère et véritable, lors de sa clôture, devant l'officier public qui l'a reçu.

Dans ce délai de trois mois et quarante jours après le décès du mari, elle fera, par ministère d'avoué, sa renonciation au greffe du tribunal de première instance dans l'arrondissement duquel le mari avait son domicile. Cet acte est inscrit sur le registre établi pour recevoir les renonciations à succession.

Même, suivant les circonstances, elle peut demander au tribunal de première instance une prorogation dudit délai. L'intermédiaire de l'avoué est encore nécessaire.

Cette prorogation est, s'il y a lieu, prononcée contradictoirement avec les héritiers du mari, ou eux dûment appelés.

La veuve qui n'a point fait sa renonciation dans le délai ci-dessus prescrit, n'est pas déchue de la faculté de renoncer si elle ne s'est point immiscée et qu'elle ait fait inventaire, elle peut seulement être poursuivie comme commune jusqu'à ce qu'elle ait renoncé, et elle doit les frais faits contre elle jusqu'à sa renonciation. Elle peut également être poursuivie après l'expiration des quarante jours depuis la clôture de l'inventaire, s'il a été clos avant les trois mois.

Si elle meurt avant l'expiration des trois mois sans avoir fait ou terminé l'inventaire, les héritiers auront, pour faire ou pour terminer l'inventaire, un nouveau délai de trois mois, à compter du décès de la veuve, et de quarante jours pour délibérer, après la clôture de l'inventaire. Si la veuve meurt ayant terminé l'inventaire, ses héritiers auront, pour délibérer, un nouveau délai de quarante jours à compter de son décès. Ils peuvent, au surplus, renoncer à la communauté dans les formes établies ci-dessus.

Contrairement à ce qui précède, la femme divorcée ou séparée de corps, qui n'a point, dans les trois mois et quarante jours après le divorce ou la séparation définitivement prononcée, accepté la communauté est censée y avoir renoncé, à moins qu'étant encore dans le délai, elle n'en ait obtenu la prorogation en justice, contradictoirement avec le mari, ou lui dûment appelé.

Les créanciers de la femme peuvent attaquer la renonciation qui aurait été faite par elle ou par ses héritiers en fraude de leurs créances, et accepter la communauté de leur chef.

Soit qu'elle accepte, soit qu'elle renonce, la veuve a droit, pendant les trois mois et quarante jours qui lui sont accordés pour faire inventaire et délibérer, de prendre sa nourriture et celle de ses domestiques sur les provisions existantes, et à défaut, par emprunt au compte de la masse commune, à la charge d'en user modérément. Elle ne doit aucun loyer à raison de l'habitation qu'elle a pu faire, pendant ces délais, dans une maison dépendante de la communauté, ou appartenant aux héritiers du mari ; et si la maison qu'habitaient les époux à l'époque de la dissolution de la communauté était tenue par eux à titre de loyer, la femme ne contribuera point, pendant les mêmes délais, au payement dudit loyer, lequel sera pris sur la masse.

Dans le cas de dissolution de la communauté par la mort de la femme, ses héritiers peuvent renoncer à la communauté dans les délais et dans les formes que la loi prescrit à la femme survivante.

PARTAGE DE LA COMMUNAUTÉ APRÈS L'ACCEPTATION

Après l'acceptation de la communauté par la femme ou ses héritiers, l'actif se partage et le passif est supporté de la manière ci-après déterminée.

DU PARTAGE DE L'ACTIF

Les époux ou leurs héritiers rapportent, à la masse des biens existants, tout ce dont ils sont débiteurs envers la communauté à titre de récompense ou d'indemnité.

Chaque époux ou son héritier rapporte également les sommes qui ont été tirées de la communauté, ou la valeur des biens que l'époux y a pris pour doter un enfant d'un autre lit, ou pour doter personnellement l'enfant commun. Alors sur la masse des biens, chaque époux ou son héritier prélève : — 1° Ses biens personnels qui ne sont point entrés en communauté, s'ils existent en nature, ou ceux qui ont été acquis en remploi ; — 2° Le prix de ses immeubles qui ont été aliénés pendant la communauté, et dont il n'a point été fait remploi ; — 3° Les indemnités qui lui sont dues par la communauté.

Les prélèvements de la femme s'exercent avant ceux du mari. Ils s'exercent, pour les biens qui n'existent plus en nature, d'abord sur l'argent comptant, ensuite sur le mobilier, et subsidiairement sur les immeubles de la communauté ; dans ce dernier cas, le choix des immeubles est déféré à la femme et à ses héritiers ; enfin en cas d'insuffisance de la communauté, sur les biens personnels du mari.

Le mari ne peut exercer ses reprises que sur les biens de la communauté.

Les remplois et récompenses dus par la communauté aux époux, et les récompenses et indemnités par eux dues à la communauté, emportent les intérêts de plein droit du jour de la dissolution de la communauté.

Après que tous les prélèvements des deux époux ont été exécutés sur la masse, le surplus se partage par moitié entre les époux ou ceux qui les représentent.

Si les héritiers de la femme sont divisés, en sorte que l'un ait accepté la communauté à laquelle l'autre a renoncé, celui qui a accepté ne peut prendre que sa portion virile et héréditaire dans les biens qui échoient au lot de la femme. Le surplus reste au mari, qui demeure chargé, envers l'héritier renonçant, des droits que la femme aurait pu exercer en cas de renonciation, mais jusqu'à concurrence seulement de la portion virile héréditaire du renonçant.

Au surplus, le partage de la communauté, pour tout ce qui concerne ses formes, la licitation des immeubles quand il y a lieu, les effets du partage, la garantie qui en résulte et les soultes, est soumis à toutes les règles *des Successions* pour les partages entre cohéritiers.

D'autre part celui des époux qui aurait diverti ou recélé quelques effets de la communauté est privé de sa portion dans les dits effets.

Après le partage ainsi consommé, si l'un des deux époux est créancier personnel de l'autre, comme lorsque le prix de son bien a été employé à payer une dette personnelle de l'autre époux, ou pour toute autre cause, il exerce sa créance sur la part qui est échue à celui-ci dans la communauté ou sur ses biens personnels. Ces créances ne portent intérêt que du jour de la demande en justice.

Les donations que l'un des époux a pu faire à l'autre ne s'exécutent que sur la part du donateur dans la communauté, et sur ses biens personnels.

Les habits de deuil de la femme sont aux frais des héritiers du mari prédécédé. Leur valeur est réglée selon la fortune du mari. Il est dû même à la femme qui renonce à la communauté.

PASSIF DE LA COMMUNAUTÉ ET CONTRIBUTION AUX DETTES

Les dettes de la communauté sont pour moitié à la charge de chacun des époux ou de leurs héritiers : les frais de dernière maladie, de scellés, inventaire, vente de mobilier, liquidation, licitation et partage, font partie de ces dettes. Les frais mortuaires incombent aux héritiers du défunt.

La femme n'est tenue des dettes de la communauté, soit à l'égard du mari, soit à l'égard des créanciers, que jusqu'à concurrence de son émolument, pourvu qu'il y ait eu bon et fidèle inventaire, et en rendant compte tant du contenu de cet inventaire que de ce qui lui est échu par le partage. Au contraire, le mari est tenu, pour la totalité, des dettes de la communauté par lui contractées, sauf son recours contre la femme ou ses héritiers pour la moitié desdites dettes ; mais il n'est tenu que pour la moitié de celles personnelles à la femme et qui étaient tombées à la charge de la communauté.

La femme peut être poursuivie pour la totalité des dettes qui procèdent de son chef et étaient entrées dans la communauté, sauf son recours contre le mari ou son héritier pour la moitié desdites dettes. Mais, même personnellement obligée pour une dette de communauté, elle ne peut être poursuivie que pour la moitié de cette dette, à moins que l'obligation ne soit solidaire. D'autre part, si elle a payé une dette de la communauté au delà de sa moitié elle n'a point de répétition contre le créancier pour l'excédent, à moins que la quittance n'exprime que ce qu'elle a payé était pour sa moitié, tandis que celui des deux époux qui, par l'effet de l'hypothèque exercée sur l'immeuble à lui échu en partage, se trouve poursuivi pour la totalité d'une dette de communauté, a de droit son recours pour la moitié de cette dette contre l'autre époux ou ses héritiers.

Les dispositions précédentes ne font point obstacle à ce que, par le partage, l'un ou l'autre des copartageants soit chargé de payer une quotité de dettes autre que la moitié, même de les acquitter entièrement. Alors, toutes les fois que l'un de ces copartageants a payé des dettes de la communauté au delà de la portion dont il était tenu, il y a lieu au recours de celui qui a trop payé contre l'autre.

Tout ce qui est dit ci-dessus à l'égard du mari ou de la femme a lieu à l'égard des héritiers de l'un ou de l'autre, et ces héritiers exercent les mêmes droits et sont soumis aux mêmes actions que le conjoint qu'ils représentent.

RENONCIATION A LA COMMUNAUTÉ

La femme qui renonce (elle seule, nous le répétons, jouit de cette faculté) perd toute espèce de droit sur les biens de la communauté, et même sur le mobilier qui y est entré de son chef. Elle retire seulement les linges et hardes à son usage.

Mais elle a le droit de reprendre : 1° les immeubles à elle appartenant, lorsqu'ils existent en nature, ou l'immeuble qui a été acquis en remploi ; — 2° le prix de ses immeubles aliénés dont le remploi n'a pas été fait et accepté comme il est dit ci-dessus ; — 3° toutes les indemnités qui peuvent lui être dues par la communauté.

La femme renonçante est déchargée de toute contribution aux dettes de la communauté, tant à l'égard du mari qu'à l'égard des créanciers. Elle reste néanmoins tenue envers ceux-ci lorsqu'elle s'est obligée conjointement avec son mari, ou lorsque la dette, devenue dette de la communauté, provenait originairement de son chef, le tout sauf son recours contre le mari ou ses héritiers.

Elle peut exercer toutes les actions et reprises ci-dessus détaillées, tant sur les biens de la communauté que sur les biens personnels du mari. Ses héritiers le peuvent de même, sauf en ce qui concerne le prélèvement des linges et hardes, ainsi que le logement et la nourriture pendant le délai donné pour faire inventaire et délibérer, lesquels droits sont purement personnels à la femme survivante.

DISPOSITION EN CAS D'ENFANTS DE PRÉCÉDENTS MARIAGES

Tout ce qui est dit ci-dessus est observé même lorsque l'un des époux ou tous deux ont des enfants de précédents mariages. Si toutefois la confusion du mobilier et des dettes opérait, au profit de l'un des époux, un avantage supérieur à celui qui est autorisé (*Voir Donations et Testaments*) les enfants du premier lit de l'autre époux auront l'action en retranchement.

COMMUNAUTÉ CONVENTIONNELLE

Les futurs époux peuvent, par un contrat de mariage, modifier comme il leur plaît la communauté légale que nous venons d'exposer et qui, elle, s'établit même sans contrat. Ils ne peuvent cependant passer aucune convention contraire à la loi. Leur notaire y veillera puisque le notaire est obligatoire.

Tous les régimes dont il va être question comportent une communauté.

COMMERCE COMMUN

Ainsi deux futurs époux pourraient décider que le fonds de commerce qu'ils se proposent d'acquérir ou gérer en commun, sera conservé par le survivant ou entrera dans sa part de communauté et cela à des conditions de liquidation qui peuvent être prévues tout de suite. Par exemple, sa valeur sera estimée à 2, 3, 4 fois, etc., les bénéfices nets de la dernière année ou aux bénéfices nets cumulés des 2, 3 ou 4 dernières années. Il peut être dit qu'aucun sequestre ne pourra être, alors, mis sur le fonds, qu'on devra s'en rapporter à la comptabilité et aux livres des inventaires, etc.

COMMUNAUTÉ RÉDUITE AUX ACQUÊTS

Lorsque les époux stipulent qu'il n'y aura entre eux qu'une communauté d'acquêts, ils sont censés exclure de la communauté et les dettes de chacun d'eux actuelles et futures, et leur mobilier respectif présent et futur. En ce cas, et après que chacun des époux a prélevé ses apports dûment justifiés, le partage se borne aux acquêts faits par les époux ensemble ou séparément durant le mariage, et provenant tant de l'industrie commune que des économies faites sur les fruits et revenus des biens des deux époux.

Si le mobilier existant lors du mariage ou échu depuis n'a pas été constaté par l'inventaire ou état en bonne forme, il est réputé acquêt. On veillera à ce que le contrat de mariage le décrive en détail et de façon qu'on puisse s'y reconnaître.

Cette forme de contrat étant très fréquemment employée nous nous y arrêterons quelque peu. Comme nous venons de le voir elle laisse à chaque époux tous ses apports et tout ce qui, à l'avenir, lui écherra par donation ou succession ou pour une autre cause rigoureusement personnelle, ainsi l'indemnité allouée à raison d'un accident de personne.

Il n'y aura de commun et, par conséquent, de partageable à la fin de la vie conjugale que les économies réalisées par le ménage sur les revenus de chaque époux.

Sous ce régime comme sous celui de la communauté

légale, il peut y avoir un actif et un passif. Les sommes augmentées par le mari tombent dans le passif et restent à sa charge ; il n'en est dû récompense par le mari qu'autant qu'il est prouvé que ce dernier en a tiré un profit personnel.

EXCLUSION DU MOBILIER EN TOUT OU EN PARTIE

Les époux peuvent exclure de leur communauté tout leur mobilier présent et futur. Lorsqu'ils stipulent qu'ils en mettront réciproquement dans la communauté jusqu'à concurrence d'une somme ou d'une valeur déterminée, ils sont, par cela seul, censés se réserver le surplus.

Cette clause rend l'époux débiteur envers la communauté de la somme qu'il a promis d'y mettre, et l'oblige à justifier de cet apport.

L'apport est suffisamment justifié, quant au mari, par la déclaration portée au contrat de mariage que son mobilier est de telle valeur. Il est suffisamment justifié, à l'égard de la femme, par la quittance que le mari lui donne, ou à ceux qui l'ont doté.

Lors de la dissolution de la communauté, chaque époux a le droit de reprendre et de prélever la valeur de ce dont le mobilier qu'il a apporté lors du mariage, ou qui lui est échu depuis, excédait sa mise en communauté.

Pendant le mariage, ce mobilier qui échoit à chacun des époux doit être constaté par un inventaire. A défaut d'inventaire du mobilier échu au mari, ou d'un titre propre à justifier de sa consistance et valeur, déduction faite des dettes, le mari ne pourrait pas en exercer la reprise. Si le défaut d'inventaire portait sur un mobilier échu à la femme, celle-ci ou ses héritiers seraient admis à faire preuve de sa valeur, soit par titres, soit par témoins, soit même par commune renommée.

AMEUBLISSEMENT

Lorsque les époux ou l'un d'eux font entrer en communauté tout ou partie de leurs immeubles présents ou futurs, cette clause s'appelle *ameublissement*.

L'ameublissement peut être déterminé ou indéterminé. Il est déterminé quand l'époux a déclaré ameublir et mettre en communauté un tel immeuble en tout ou jusqu'à concurrence d'une certaine somme. Il est indéterminé quand l'époux a simplement déclaré apporter en communauté ses immeubles, jusqu'à concurrence d'une certaine somme.

L'effet de l'ameublissement déterminé est de rendre l'immeuble ou les immeubles qui en sont frappés biens de la communauté comme les meubles mêmes. Lorsque l'immeuble ou les immeubles de la femme sont ameublis en totalité, le mari en peut disposer comme des autres effets de la communauté, et les aliéner en totalité. Si l'immeuble n'est ameubli que pour une certaine somme, le mari ne peut l'aliéner qu'avec le consentement de la femme ; mais il peut l'hypothéquer sans son consentement, jusqu'à concurrence seulement de la portion ameublie.

L'ameublissement indéterminé ne rend point la communauté propriétaire des immmeubles qui en sont frappés ; son effet se réduit à obliger l'époux qui l'a consenti, à comprendre dans la masse, lors de la dissolution de la communauté, quelques-uns de ses immeubles jusqu'à concurrence de la somme par lui promise.

Le mari ne peut, comme ci-dessus, aliéner en tout ou en partie, sans le consentement de sa femme, les immeubles sur lesquels est établi l'ameublissement indéterminé ; mais il peut les hypothéquer jusqu'à concurrence de cet ameublissement.

L'époux qui a ameubli un héritage a, lors du partage, la faculté de le retenir en le précomptant sur sa part pour le prix qu'il vaut alors, et ses héritiers ont le même droit.

SÉPARATION DES DETTES

La clause par laquelle les époux stipulent qu'i's paye-
ront séparément leurs dettes personnelles les oblige à se
faire, lors de la dissolution de la communauté, respec-
tivement raison des dettes qui sont justifiées avoir été
acquittées par la communauté à la décharge de celui
des époux qui en était débiteur. Cette obligation est la
même soit qu'il y ait eu inventaire ou non ; mais, si le
mobilier apporté par les époux n'a pas été constaté par
un inventaire ou état authentique antérieur au mariage,
les créanciers de l'un et de ''autre des époux peuvent,
sans avoir égard à aucune des distinctions qui seraient
réclamées, poursuivre leur payement sur le mobilier
non inventorié, comme sur tous les autres biens de la
communauté. Les créanciers ont le même droit sur le
mobilier qui serait échu aux époux pendant la communauté, s'il n'a pas été pareillement constaté par un inventaire ou état authentique

Lorsque les époux apportent dans la communauté une
somme certaine ou un corps certain, un tel apport em-
porte la convention tacite qu'il n'est point grevé de
dettes antérieures au mariage, et il doit être fait raison
par l'époux débiteur à l'autre de toutes celles qui dimi-
nueraient l'apport promis.

La clause de séparation des dettes n'empêche point,
d'ailleurs, que la communauté ne soit chargée des intérêts et arrérages qui ont couru depuis le mariage. Aussi,
lorsqu'elle est poursuivie pour les dettes de l'un des
époux, déclaré, par contrat, franc et quitte de toutes
dettes antérieures au mariage, le conjoint a le droit à
une indemnité qui se prend soit sur la part de communauté revenant à l'époux débiteur, soit sur les biens personnels dudit époux, et, en cas d'insuffisance, cette indemnité peut être poursuivie par voie de garantie contre
la père, la mère, l'ascendant ou le tuteur qui l'auraient
déclaré franc et quitte.

Cette garantie peut même être exercée par le mari durant la communauté, si la dette provient du chef de la femme, sauf, en ce cas, le remboursement dû par la femme ou ses héritiers aux garants, après la dissolution de la communauté.

APPORT FRANC ET QUITTE

La femme, la femme seule, peut stipuler qu'en cas de renonciation à la communauté elle reprendra tout ou partie de ce qu'elle y aura apporté, soit lors du mariage, soit depuis ; mais cette stipulation ne peut s'étendre au delà des choses formellement exprimées, ni au profit de personnes autres que celles désignées. Ainsi la faculté de reprendre le mobilier que la femme a apporté lors du mariage ne s'étend point à celui qui serait échu pendant le mariage. Ainsi la faculté accordée à la femme ne s'étend point aux enfants ; celle accordée à la femme et aux enfants ne s'étend point aux héritiers ascendants ou collatéraux. Dans tous les cas, les apports ne peuvent être repris que déduction faite des dettes personnelles à la femme, et que la communauté aurait acquittées.

PRÉCIPUT CONVENTIONNEL

C'est la clause du contrat de maraige par laquelle l'époux survivant est autorisé à prélever, avant tout partagé, une certaine somme ou une certaine quantité d'effets mobiliers en nature. Elle ne donne droit à ce prélèvement au profit de la femme survivante, que lorsqu'elle accepte la communauté, à moins que le contrat de mariage ne lui ait réservé ce droit, même en renonçant. Hors le cas de cette réserve, le préciput ne s'exerce que sur la masse partageable, et non sur les biens personnels de l'époux prédécédé.

Le préciput n'est point regardé comme un avantage sujet aux formalités des donations, mais comme une convention de mariage.

La mort, évidemment, donne ouverture au préciput. En cas de divorce ou de séparation de corps, il n'y a pas lieu à sa délivrance actuelle ; mais l'époux qui a obtenu soit le divorce, soit la séparation de corps, conserve ses droit au préciput en cas de survie. Si c'est la femme, la somme ou la chose qui constitue le préciput reste toujours provisoirement au mari, à la charge de donner caution.

Les créanciers de la communauté ont toujours le droit de faire vendre les effets compris dans le préciput, sauf le recours de l'époux bénéficiaire contre les héritiers de l'autre.

PARTS INÉGALES DANS LA COMMUNAUTÉ

Les époux peuvent déroger au partage égal établi par la loi, soit en ne donnant à l'époux survivant ou à ses hériters, dans la communauté, qu'une part moindre que la moitié, soit en ne lui donnant qu'une somme fixe pour tout droit de communauté, soit en stipulant que la communauté entière, en certains cas, appartiendra à l'époux survivant ou à l'un d'eux seulement.

Lorsqu'il a été stipulé que l'époux ou ses héritiers n'auront qu'une certaine part dans la communauté, comme le tiers ou le quart, l'époux ainsi réduit ou ses héritiers ne supportent les dettes de la communauté que proportionnellement à la part qu'ils prennent dans l'actif. La convention serait nulle si elle obligeait l'époux ainsi réduit ou ses héritiers à supporter une plus forte part, ou si elle les dispensait de supporter une part dans les dettes égale à celle qu'ils prennent dans l'actif.

Est-il stipulé que l'un des époux ou ses héritiers ne pourront prétendre qu'une certaine somme pour tout droit de communauté ? Cette clause est un forfait qui oblige l'autre époux ou ses héritiers à payer la somme convenue, soit que la communauté soit bonne ou mauvaise, suffisante ou non pour acquitter la somme.

Si la clause n'établit le forfait qu'à l'égard des héritiers de l'époux, celui-ci, dans le cas où il survit, a droit au partage légal par moitié.

Le mari ou ses héritiers qui retiennent, en vertu d'un tel contrat, la totalité de la communauté, sont obligés d'en acquitter toutes les dettes. Les créanciers n'ont, en ce cas, aucune action contre la femme ni contre ses héritiers. Mais, si c'est la femme survivante qui a, moyennant une somme convenue, le droit de retenir toute la communauté, contre les héritiers du mari, elle a le choix ou de leur payer cette somme, en demeurant obligée à toutes les dettes, ou de renoncer à la communauté, et d'en abandonner aux héritiers du mari les biens et les charges.

Il est encore permis aux époux de stipuler que la totalité de la communauté appartiendra au survivant ou à l'un d'eux seulement, sauf aux héritiers de l'autre à faire la reprise des apports et capitaux tombés dans la communauté, du chef de leur auteur. Cette stipulation n'est point réputée un avantage sujet aux règles relatives aux donations, soit quant au fond, soit quant à la forme, mais simplement une convention de mariage et entre associés.

COMMUNAUTÉ A TITRE UNIVERSEL

Les époux peuvent établir par leur contrat de mariage une communauté universelle de leurs biens tant meubles qu'immeubles, présents et à venir, ou de tous leurs biens présents seulement, ou de tous leurs biens à venir seulement.

DISPOSITIONS COMMUNES AUX SECTIONS CI-DESSUS

Ce qui est dit aux huit précédentes sections ne limite pas à leurs dispositions précises les stipulations dont est susceptible la communauté conventionnelle. — Les époux peuvent faire toutes autres conventions.

Néanmoins, dans le cas où il y aurait des enfants d'un précédent mariage, toute convention qui tendrait dans ses effets à donner à l'un des époux au delà de la portion légale (Voir *Donations entre vifs et Testaments*), sera sans effet pour tout l'excédent de cette portion. Pourtant les simples bénéfices résultant des travaux communs et des économies faites sur les revenus respectifs, quoique inégaux, des deux époux, ne sont pas considérés comme un avantage fait au préjudice des enfants du premier lit.

La communauté conventionnelle reste soumise aux règles de la communauté légale, pour tous les cas auxquels il n'y a pas été dérogé implicitement ou explicitement par le contrat.

RÉGIMES SANS COMMUNAUTÉ

Nous venons de voir la communauté légale, qui peut s'établir sans contrat et les divers régimes où la communauté, dite conventionnelle cette fois, est modifiée et réglée par un contrat.

A côté de cela existent divers régimes exclusifs de communauté ; c'est, d'abord, le régime pur et simple sans communauté étudié ici, puis les séparations de biens (conventionnelles ou judiciaires) et le régime dotal qui feront l'objet du fascicule suivant. Tous ces régimes exigent un contrat.

Voyons le premier cas.

Quand les époux ont déclaré, dans leur contrat, se marier sans communauté, il faut, d'abord, remarquer que cette clause, à elle seule, ne donne point à la femme le droit d'administrer ses biens, ni d'en percevoir les fruits : ces fruits sont censés apportés au mari pour soutenir les charges du mariage.

Dans ces conditions, les créanciers du mari pourraient-ils saisir la totalité des revenus de la femme ou seulement ce qui n'est pas nécessaire aux besoins du ménage ? Il semble qu'aucune restriction ne puisse, en principe, être opposée aux créanciers. En fait, les tribunaux réduiraient toujours une saisie si rigoureuse.

Le mari conserve donc l'administrtaion des biens, meubles et immeubles de la femme, et, par suite, le droit de percevoir tout le mobilier qu'elle apporte en dot, ou qui lui échoit pendant le mariage, sauf la restitution qu'il en doit faire après la dissolution du mariage, ou après la séparation de biens qui serait prononcée par justice.

Si, dans le mobilier apporté en dot par la femme, ou qui lui échoit pendant le mariage, il y a des choses dont on ne peut faire usage sans les consommer, il en doit être joint un état estimatif au contrat de mariage, ou il doit en être fait inventaire lors de l'échange, et le mari en doit rendre le prix d'après estimation.

Le mari est tenu, en somme, de toutes les charges de l'usufruit.

La clause d'exclusion de communauté ne fait point obstacle à ce qu'il soit convenu que la femme touchera annuellement, sur ses seules quittances, certaines portions de ses revenus pour son entretien et ses besoins personnels. C'est à elle de prévoir cela avant de se marier, d'autant que les économies qu'elle réaliserait sur ces prélèvements et ce qu'elle achèterait avec leur produit lui appartiendraient en propre, sans pouvoir être repris par le mari et profiter au ménage.

Les immeubles constitués en dot, dans le cas du présent paragraphe, ne sont point inaliénables. Néanmoins ils ne peuvent être aliénés sans le consentement du mari, et, à son refus, sans l'autorisation de la justice.

Dans cette dernière éventualité on ne pourrait en aliéner que la nue propriété, de façon à conserver au mari ses droits de jouissance, son usufruit.

Même, si, à son refus, il y a lieu à vente judiciaire, le mari reste tenu de ses obligations d'administrateur, mais dans les limites qui lui sont faites par la procédure.

Imp. de l'E. N° 11 Faubourg Saint-Denis

CODE DU PROPRIÉTAIRE à la ville et à la campagne

1. Locations urbaines : réparations, congé.
2. Locations rurales : cheptel, warrants, engrais, mérite agricole.
3. Servitudes : mur, haies, distances, eaux.
4. Constructions : devis, architecte, alignement.
5. Hypothèques : inscription, rédaction, purge.
6. Animaux domestiques : chats, chiens, pigeons, etc.
7. Vices rédhibitoires : Police sanitaire.
8. Rentes viagères; Assurances vie.
9. Actes sous seing privé : comment les faire.
10. Assurances : incendie, glaces, risques commerciaux.
11. Bornage; Habitations à bon marché; Biens de famille.
12. Cours d'eau : curage, moulin, canotage.
Chaque fascicule séparé 0.75, franco 0.85.
● Les 12 fascicules réunis en un volume broché 6 francs.

CODE DES PLAIDEURS

1. Justice de paix : procédure, pouvoir, frais, etc.
2. Tribunal civil : procédure, pouvoir, frais, etc.
3. Cour d'appel et de cassation : procédure, pouvoir, frais, etc.
4. Tribunal de commerce et conseils de prud'hommes : procédure, pouvoir, frais, etc.
5. Conseils de préfecture et d'Etat : Procédure, pouvoir, frais, etc.
6. Créanciers et débiteurs : mesures à prendre.
7. Police : gendarmes, gardes champêtres, gardiens de la paix.
8. Crimes, délits, contraventions : casier judiciaire.
9. Frais de justice : avoués, avocats, huissiers, taxe.
10. Tribunaux répressifs : plainte, recours.
11. Liberté individuelle.
12. Arbitrage amiable : plus de procès.
Chaque fascicule séparé 0.75, franco 0.85.
● Les 12 fascicules réunis en un volume broché 6 francs.

CODE DES CHEMINS DE FER

1. Voyageurs : place, portière, retards, accidents.
2. Bagages : déclarations, perte, avarie.
3. Transport de marchandises : tarifs, indemnité.
Chaque fascicule séparé 0.75, franco 0.85.
● Les 3 fascicules réunis en un volume broché 2 francs.

CODE DU TRAVAIL (Patrons et Ouvriers)

Travail : patrons, ouvriers, tâcherons, grèves.
Accidents du travail : calcul de la rente, etc.
● Les 2 fascicules réunis en un volume broché 1.50.

AUTRES CODES USUELS

Code de la Pêche : lignes, drogues, appâts, grenouilles. 0.75
Code de la Bourse : piège, comptes, liquidation. 0.75
Code-tarif des notaires : responsabilités. 0.75
Code des Métiers : bouchers, boulangers, coiffeurs, photogr, etc. 0.75
Code des Saisies : comment les éviter 0.75
Code de l'Assistance judiciaire : ordre, référé. 0.75

Code de l'hôtelier, restaurateur et Cafetier : 1.50

« ÉDITIONS & LIBRAIRIE », E. CHIRON, Ed., 40, rue de Seine, Paris-6e.

TEXTE OFFICIEL
ET
COMMENTAIRES DES LOIS

LOYERS

Texte officiel de la loi du 9 mars, suivi des circulaires ministérielles relatives à son application et du texte des lois des 4 janvier 1919, 23 octobre 1919, 26 octobre 1919 (Baux d'immeubles dans les *pays envahis*), 3 novembre 1919 (Baux des *fermiers* et *métayers*) **1.00**

Franco : **1.20**

La loi des loyers à la portée de tous, par SOULIÉ et GARDÈS, le commentaire le plus clair et le plus complet de la loi sur les loyers **3.00**

Franco : **3.30**

L'interprétation de la loi des loyers par la Cour de Cassation, par TORAU-BAYLE, avocat à la Cour d'Appel de Paris. Recueil des arrêts faisant désormais jurisprudence en matière de loyers **2.50**

Franco : **2.65**

PENSIONS MILITAIRES

Texte officiel de la loi du 31 mars 1919, suivi des tableaux annexes et du décret d'administration publique du 2 septembre 1919 . . . . **1.00**

Franco : **1.20**

La loi des pensions militaires à la portée de tous, par le Capitaine LABAU et J. SOULIÉ, le commentaire explicatif le plus clair de la loi des pensions militaires, suivi de 12 modèles de demandes concernant tous les cas (militaires, veuves, ascendants, etc.) **3 00**

Franco : **3.30**

Barème pour la classification des infirmités en vue de la concession des pensions militaires accordées par la loi du 31 mars 1919, texte officiel du décret du 29 mai 1919. **1.50**

Franco : **1.65**

DOMMAGES DE GUERRE

Texte officiel de la loi du 17 avril 1919 sur la réparation des dommages de guerre, suivi du règlement d'administration publique du 2 juin 1919 . . . . **1.00**

Franco : **1.20**

" EDITIONS & LIBRAIRIE "

E. CHIRON, Editeur, 40, Rue de Seine, PARIS (VIᵉ)